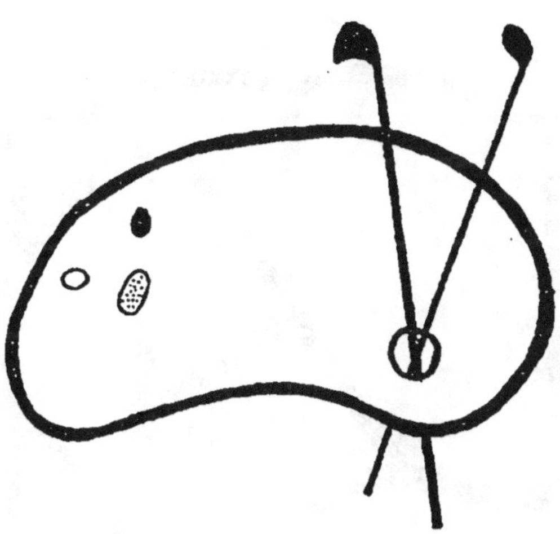

ORIGINAL EN COULEUR
NF Z 43-120-8

Couverture inférieure manquante

DE LA

CORRESPONDANCE INÉDITE

DE

DOM B. DE MONTFAUCON

PAR

Philippe TAMIZEY DE LARROQUE.

PARIS

| H. CHAMPION | A. PICARD |
| 15, Quai Malaquais. | 82, Rue Bonaparte. |

1879.

DE LA CORRESPONDANCE INÉDITE

DE

DOM B. DE MONTFAUCON.

DE LA
CORRESPONDANCE INÉDITE

DE

DOM B. DE MONTFAUCON

PAR

Philippe TAMIZEY DE LARROQUE.

PARIS

H. CHAMPION	A. PICARD
15, Quai Malaquais.	82, Rue Bonaparte.

1879.

M. Léopold Delisle, membre de l'Institut et président de
la section d'histoire du Comité des travaux historiques et des
Sociétés savantes, disait, il y a quatre ans, dans son remar-
quable rapport sur la part prise par cette section à la *Collection des documents inédits* : « M. Dantier travaille de longue
date à choisir dans les correspondances de la Congrégation
de Saint-Maur les pièces qui peuvent donner l'idée la plus
juste de la vie, du caractère, des habitudes et des travaux
des d'Achéry, des Mabillon, des Ruinart, des Lobineau, des
Vaissète, des Sainte-Marthe, des Martène, des Montfaucon,
des Bouquet, des Rivet et de beaucoup d'autres bénédictins
moins célèbres, mais non moins dignes de nos hommages (1). »
C'est depuis plus de vingt ans que M. Alphonse Dantier a été
chargé de réunir les matériaux de l'ouvrage que sa déplorable
santé ne lui a pas permis de mettre encore entre nos mains (2).

---

(1) *Rapports au Ministre sur la collection des documents inédits de l'histoire
de France et sur les actes du Comité des travaux historiques* (Paris, imprimerie
nationale, 1874, in-4°, p. 145).

(2) C'est en 1857, et non en 1852, comme une faute d'impression me l'a fait
dire ici (t. x, p. 36, note 1), qu'a paru, dans le tome vi de la première série des
Archives des missions scientifiques et littéraires, le premier rapport adressé au
Ministre de l'instruction publique par M. Alph. Dantier, sur la mission qu'il avait
été chargé de remplir en Suisse, en Allemagne et en Belgique pendant les mois
d'août et de septembre 1855. Déjà M. Dantier écrivait, à cette époque (p 244). que
*depuis dix ans les travaux et l'histoire des Bénédictins avaient occupé et charmé
tour à tour les plus belles heures de sa vie.*

Faisons des vœux pour qu'un érudit si digne de la tâche qui lui a été confiée retrouve bientôt les forces dont il aurait besoin, et pour qu'il puisse avoir la joie de publier lui-même les précieux documents en si grand nombre recueillis par lui de toutes parts. En attendant qu'au milieu de nos plus vifs applaudissements il édite cette correspondance, qui nous fera encore mieux aimer, encore plus admirer les illustres bénédictins des deux derniers siècles, je viens appeler l'attention sur quelques extraits des lettres de Montfaucon conservées au département des manuscrits de la Bibliothèque nationale. Je n'avais d'abord pris ces notes que pour moi, mais étant très-curieux de ma nature, j'ai pensé que d'autres curieux (*miseris succurrere disco*) pourraient être contents d'avoir un avant-goût du recueil de M. Dantier. C'est ce qui m'a décidé à leur offrir les fragments qui suivent et que je comparerai à une de ces légères collations qui précèdent parfois un splendide festin.

Philippe TAMIZEY de LARROQUE.

DE LA CORRESPONDANCE INÉDITE

DE DOM B. DE MONTFAUCON.

*Au R. P. Dom Claude Estiennot, procureur général de la
Congrégation de Saint-Maur, à Rome (1).*

Mon R. P., nous sommes fort obligés à V. R. des soins qu'elle
prend pour Saint-Athanase (2)... Nous imprimons depuis la Pâque,
et nous aurons bientôt besoin des éclaircissements que nous espérons
tirer des manuscrits de Rome par vos soins... Le jeune Gronovius,
qui a enseigné à Florence (3), a écrit en Hollande contre une pièce
que nous avons faite imprimer parmy les *Analecta græca* (4). C'est
la 5ᵐᵉ pièce qui traite des monnoyes et des tribus de Constantinople.

(1) Autrefois résidu Saint-Germain 1314, aujourd'hui nᵒ 17701 du Fonds français,
p. 11. Voir sur Dom Claude Estiennot de La Serre une note de la page 35 du t. x
de la *Revue de Gascogne*. La présente lettre est précédée (p. 10) d'une autre petite
lettre non datée, où Montfaucon dit au procureur général de la Congrégation de Saint-
Maur à Rome : « Puisque V. R. le trouve bon, je vous envoiray à l'avenir les pièces courantes qui en vaudront la peine. L'*Apothéose du dictionnaire de l'Académie
françoise* est un joly petit livre, mais il est un peu trop gros pour aller par la poste. »
Voir sur cette *Apothéose*, dont on ne connaît pas le véritable auteur, le *Dictionnaire
des ouvrages anonymes* (3ᵉ édition, t. i, 1872, col. 256), la *Bibliographie raison-
née de l'Académie française* par René Kerviler (*Polybiblion* de janvier 1877, p. 79).

(2) Le *Saint Athanase* parut à Paris, chez Jean Anisson, 1698, 3 vol. in-fᵒ. Cette
édition commença à marquer la haute place que Montfaucon devait occuper dans le
monde savant.

(3) Ce *jeune* Gronovius — c'est *Jacques* Frédéric, fils aîné de *Jean* Fréderic —
était alors âgé de près de 46 ans. Le traité dont se plaint Montfaucon est intitulé : *De
pecunia vetere* (1691, in-4ᵒ). Jacques Gronovius eut tant de goût pour la dispute
qu'on le surnomma le *nouveau Scioppius*. Il figure dans l'ouvrage de Mencke : *De
Charlataneria eruditorum* (1715, in-8ᵒ).

(4) Les *Analecta græca* furent publiés par les PP. Lopin, Montfaucon et Pouget
(Paris, Edme Martin, 1688, in-4ᵒ).

Il nous charge d'injures et n'épargne pas plus M. du Cange (1). Les gens savans d'icy jugent que c'est un autheur si misérable, soit pour le style, soit pour la critique (2), qu'il ne mérite pas de réponse (3).

Ce 9me juillet 1691.

Au même (4).

Mon R. P., j'ay tousjours cru qu'il seroit à propos que quelqu'un de nous fût allé à Rome pour visiter les manuscrits du Vatican, et ce que V. R. propose, d'envoyer un de nous en la place du P. Guillot (5), se pourroit faire au prochain chapitre si nous avions achevé l'édition de saint Athanase, mais il y a apparence qu'il en restera encore beaucoup à faire. Je crois qu'il y a dans la Bibliothèque vaticane des choses de conséquence qui n'ont pas paru en public, quoyque pourtant je doute qu'il y ait des nouvelles pièces de saint Athanase.

Ce 17 septembre 1691.

Au même (6).

Pax Christi. — Il y a plus d'un an, mon R. P., que j'avois prié Dom Jean Guillot de m'envoyer quelques petitz traitez des manuscrits du Vatican, qui nous étoient absolument nécessaires. Il eut la bonté de me promettre de me les envoyer au mois de septembre...

(1) Charles du Fresne, seigneur du Cange, qui avait été un des meilleurs amis de dom Montfaucon, était mort depuis 1688 (23 octobre).

(2) Cette vivacité de langage ne doit pas surprendre de la part de Montfaucon, qui, comme M. Alph. Dantier l'a remarqué (p. 312 du tome VI des *Archives* déjà citées), « avant d'entrer dans l'ordre de Saint-Benoît, avait fait plusieurs campagnes avec Turenne, et, sous l'habit du religieux, conservait toujours quelque chose du gentilhomme habitué à porter l'épée. » C'est, ajoute M. Dantier, « par allusion à ce caractère de son irascible ami que le doux Mabillon l'appelait en riant *M. le chevalier de Rocquetaillade.* »

(3) Pourtant, Montfaucon lui répondit par une lettre latine adressée à l'abbé Renaudot (in-12).

(4) *Ibid.,* p. 13. Suit (p. 14) une lettre au même, du 16 mars 1692, où je lis : « Les secours que V. R. nous envoye tous les jours sont fort considérables et feront honneur à notre édition. Je la supplie de nous continuer ses soins. Dom Louis, mon frère, pour qui je say que V. R. a quelque bonté, se dispose à en seigner un 3me cours de positive : il est présentement à la Daurade. »

(5) Nous allons trouver dom Guillot parmi les correspondants de Montfaucon.

(6) *Ibid.,* p. 16.

On m'a dit du depuis qu'il n'est pas content du P. Martianay (1), et que c'étoit apparemment la cause pourquoy il ne nous venoit rien de luy. Le P. Martianay est si accoutumé à choquer même les gens qui luy rendent service, que je croirois facilement qu'il luy aura donné sujet de mécontentement. Mais je prie V. R. de luy assurer que le P. Martianay est un homme avec qui je n'ay point de liaison. Il est seul de sa bande, et ne prend conseil que de sa teste, et cela fait qu'il choque tant de gens. V. R. sçait que nous sommes bien éloignez de pays, mais on me fait icy la justice de dire que nous le sommes encore plus d'humeur et de conduite... On se porte fort bien à présent dans cette maison : il n'y a que le P. Mabillon qui est malade d'une fièvre tierce (2). Le P. Martianay travaille au second volume de saint Jérôme. Nous avons achevé le premier volume de saint Athanase, mais il ne paroitra qu'avec le second. Dom Antoine Pouget m'aide en la place de feu D. Jaques Lopin (3).

A Paris, ce 23 juillet 1694.

Au R. P. Dom Jean Guillot, à Rome (4).

... Le livre du P. Martianay sur l'ancienne Vulgate paroit à présent (5). Il s'y tient dans la modération, tant il est vray que *vexatio dat intellectum...* Quoyqu'il [*le Dictionnaire de Richelet*] (6) soit

(1) Dom Martianay était alors âgé de 47 ans, et Dom Montfaucon n'en avait que 39. Sur le premier de ces religieux, voir les documents publiés dans la *Revue de Gascogne* de mai 1873 et livraisons suivantes (t. xiv, p. 231-237, 274-279. etc.). Voir aussi ce qu'a dit du « vrai disciple du belliqueux saint Jérôme » M. Léonce Couture, dans un piquant article sur les *Lettres inédites de dom Martianay* (*Bulletin du bouquiniste* du 1er octobre 1874, p. 487-491).

(2) Dom Mabillon avait alors 62 ans.

(3) Jacques Lopin était mort l'année précédente, à 38 ans. Sur Dom Lopin et sur Dom Pouget voir (*passim*) la *Correspondance inédite de Mabillon et de Montfaucon avec l'Italie*, publiée par M. Valéry (Paris, 1846, 3 vol. in-8º).

(4) *Ibid.*, p. 53.

(5) *Vulgata antiqua latina et itala versio Evangelii secundum Mathæum, e vetustissimis eruta monumentis* (Paris, 1695, in-12). *Remarques sur la version italique de l'Evangile de saint Mathieu, qu'on a découverte dans de fort anciens manuscrits* (Paris, 1695, in-12).

(6) Dom Montfaucon ajoute que cette nouvelle édition est augmentée de près de la moitié. On sait que la 1re édition avait paru à Genève (1680, 2 vol. in-4º.)

plus petit que celuy de l'Académie (1) et le Furetière (2), il ne laisse pas d'être fort au goût de bien des gens (3).

Ce 7 mars 1695.

Au même (4).

... La satire de Boileau contre les femmes ne vaut pas les dix qu'il fit il y a trente ans (5). Mme d'Aunoy, qui a écrit ci-devant les mémoires de la cour d'Espagne, vient d'écrire ceux de la cour d'Angleterre. Elle écrit admirablement bien, et ses livres sont fort recherchés. Il me semble pourtant que cela sent un peu le romanesque (6).

Ce 28 mars 1695.

Au même (7).

... On a trouvé douze tomes in-4° des mémoires de M. de Bussy-Rabutin. On les vouloit imprimer, mais comme il y a bien des ca-

(1) Le *Dictionnaire de l'Académie française* parut pour la première fois en 1694 (2 vol. in-f°).

(2 Le *Dictionnaire universel* de Furetière fut imprimé à Rotterdam, chez les Leers, en 1690 (2 vol. in-f° et aussi 3 vol. in-4°). On sait que, successivement augmenté, le dictionnaire de Furetière est devenu sous le titre de *Dictionnaire de Trévoux* (Paris, 1771, 8 vol. in-f°), notre plus considérable recueil lexicographique.

(3) Dans une lettre qui suit celle-là (p. 54), Dom Montfaucon appelle excellent l'ouvrage de Le Nain de Tillemont, *Mémoires pour servir à l'histoire ecclésiastique des six premiers siècles* (in-4°). Le 1er volume parut en 1693; le 16e et dernier en 1712. Il donne la même épithète par avance au *Dictionnaire critique* de Bayle, qui ne devait paraître que quatre ans plus tard (2 in-f°, 1699). Mais, dans une lettre du 14 janvier 1699, retirant son imprudent éloge, il déclare que ce recueil ne répond pas aux espérances qui en avaient été conçues et il le critique très-vertement.

(4) *Ibid.*, p. 57.

(5) M. Dantier a imprimé (*Archives des Missions*, t. VI, p. 350) une autre lettre à Dom Guillot, du 18 avril 1695, tirée du manuscrit 17701 du fonds français (p. 59), où son correspondant se moque fort de l'ode sur la prise de Namur, « petite pièce lyrique à l'imitation du style de Pindare, qui, à vous dire mon sentiment, est un style un peu gascon, farcy d'épithètes excessives. » Dom Montfaucon reproche surtout à Boileau de s'être servi d'une comparaison aussi hardie que celle-ci, le plumet blanc que le roi portait comparé à un astre!

(6) Marie-Catherine-Jumelle de Berneville, comtesse d'Aulnoy, morte en 1705, a été, comme écrivain, surfaite par Dom Montfaucon. Mais si son style n'est pas *admirable*, il a de l'agrément, et on vient de réimprimer avec succès (Plon, 1874-1876) sa *Relation du voyage d'Espagne* (2 vol. gr. in-8°). Quant à la couleur romanesque des *Mémoires* de Mme d'Aulnoy, doit-elle étonner de l'auteur de l'*Histoire d'Hippolyte, comte de Douglas*, et de tant de contes de fées?

(7) *Ibid*, p. 60.

ractères des gens de cour et des intrigues, on en a tant retranché
qu'il n'en reste que deux volumes in-4° que M. Anisson a acheté
4,000 livres pour les faire imprimer (1). On pourra encore donner
du même autheur un volume de lettres à diverses personnes (2). La
fille de Gregorio Leti, mariée à M. Le Clerc à Amsterdam, a traduit
en français la vie de la reine Elisabeth par son père (3).

Ce 23 may 1695.

Au R. P. Dom Estiennot (4).

... M. Le Grand, secrétaire de M. l'abbé d'Estrées, est arrivé depuis quelques jours de Portugal, où ledit abbé est ambassadeur. Il a
apporté plusieurs manuscrits (la relation du P. Jeronimo Lobo,
Portugais, qui est allé luy-même découvrir les sources du Nil; une
description des côtes de la mer Rouge, faite par le vice-roy Jean de
Castro, qui côtoya l'Arabie et l'Egypte pour mesurer toutes les pro-
fondeurs de cette mer). M. Le Grand travaille aussi à la vie du grand
comte de Dunois, nommé communément le bâtard d'Orléans. C'est

(1) Roger de Rabutin, comte de Bussy, était mort a Autun le 9 avril 1693. Les
Mémoires de Bussy parurent à Paris chez J. Anisson, en 1696 (2 volumes in-4° et
aussi 3 volumes in-12). Les détails que nous donne Dom Montfaucon sur la réduc-
tion du manuscrit de Bussy et sur le prix de la vente de ce manuscrit, sont d'autant
plus intéressants qu'on ne les retrouve dans aucun des livres où l'on aurait dû les
consigner, pas même dans l'édition des *Mémoires* soignée par M. Lud. Lalanne
(Paris, Charpentier, 1857).

(2) Les lettres virent le jour en 1697 (4 vol. in-12). On les réimprima plus d'une
douzaine de fois dans les quarante années qui suivirent. Une édition bien meilleure
en a été donnée par M. Lud. Lalanne (Paris, Charpentier, 6 vol. in-18) Mais cette
édition n'est pas encore complète, et j'ai eu le plaisir de publier, dans le *Bulletin du
Bouquiniste*, trois lettres inédites de Bussy fort dignes d'être jointes au recueil de
1857.

(3) Les biographes se contentent de nous apprendre que la vie d'Elisabeth, reine
d'Angleterre, publiée par Gregorio Leti à Amsterdam, en 1693 (2 vol. in-12), fut
traduite de l'italien en français aussitôt après et que cette traduction parut à Amsterdam, en 1694 (2 vol. in-12). Voir dans le *Moréri* de 1759 un curieux article sur
Gregorio Leti, article dont les trois grandes colonnes sont empruntées principalement
à l'éloge du fécond écrivain « par M. Le Clerc, de Hollande, son gendre. » Ce Le
Clerc est Jean Le Clerc, frère du docteur Daniel Le Clerc, auteur de l'*Histoire de la
Médecine*, et lui-même auteur de 62 ouvrages, dont un dirigé contre le *Saint Jérôme*
de Dom Martianay (1700). Ce fut en 1691 que Jean Le Clerc épousa Marie Leti. A
eux deux le beau-père et le gendre produisirent au moins deux cents volumes. —
Dans cette même lettre, les archéologues trouveront d'intéressantes particularités sur
une sépulture antique découverte près de Beauvais et sur ces instruments vulgaire-
ment appelé *haches gauloises*, qui sont depuis quelques années l'objet de l'attention
de tant de savants chercheurs.

(4) *Ibid.*, p 18.

un homme d'esprit qui a déjà donné plusieurs petits ouvrages (1).

M. de Fontenelle, neveu du grand Corneille, de l'Académie française, et qui a aussi place dans l'Académie royale des sciences, fait une histoire in-4° de la fondation et du progrès de cette dernière académie (2). On dit du livre du P. T. intitulé *Dictionarium hebraïcum* (3) que le plus grand bien qui lui puisse arriver, c'est que le dictionnaire breton du P. Pezron, où il fait venir toutes les langues à la bretonne, luy ôtera sa qualité du plus méchant livre qui soit sorti de dessous la presse (4).

On fait grand bruit du livre de M. de Cambray sur la prière. Quelques-uns disent que le livre sera arresté. Si cela est, ce prélat est à plaindre. Car c'est un vray homme de bien et d'exemple, qui a quitté une abbaye d'abord après avoir été nommé à son Archevesché (5), et qui s'est taxé luy-même à 15,000 livres de capitation pour décharger le clergé de son diocèse. J'ay leu ce livre et, à cela près qu'il est trop métaphysique, et d'une spiritualité trop relevée pour le commun des gens, je ne le trouve pas mauvais (6).

A Paris, ce 25 février 1696.

(1) Il s'agit ici de l'abbé Joachim Le Grand, né à Saint-Lô, le 6 février 1653, mort à Paris, le 30 avril 1733. Sur les travaux de cet érudit, on a une excellente notice du P. Bougerel (de l'Oratoire). Parmi les ouvrages annoncés ici par Dom Monfaucon, il en est qui n'ont jamais paru, comme l'histoire du comte de Dunois. La *Relation historique d'Abyssinie* du R. P. Jérôme Lobo parut traduite et annotée par l'abbé Le Grand en 1728 (Paris, in-4°). On possède du laborieux abbé, à la bibliothèque nationale. une précieuse collection de documents sur Louis XI, dort il avait écrit une histoire restée inédite et qui a beaucoup servi à Duclos.

(2) Cette histoire in-4° devint une histoire in-12, qui ne parut qu'en 1708 sous ce titre : *Histoire du renouvellement de l'Académie royale des sciences en 1699, et les éloges historiques des académiciens morts depuis ce temps-là*, etc.

(3) Ce *Dictionarium hebraïcum* ou plutôt *Glossarium universale hebraïcum* Paris. impr. roy. 1697, in-f°) méritait, ou peu s'en faut, le mal qu'on en disait. Heureusement l'auteur. l'illustre oratorien Louis Thomassin, a d'autres titres à l'estime de la postérité.

(4) Le Dictionnaire du P. Paul Pezron ne parut qu'en 1703, à la suite de son *Antiquité de la nation et de la langue des Celtes, autrement appelés Gaulois* (Paris, 1703). On sait que le P. Pezron et Dom Martianay se livrèrent de terribles combats sur le terrain de la chronologie. Voir les quatre premières, la neuvième et la quatorzième des *Lettres inédites* de Dom Martianay (*Revue de Gascogne*, t. XIV, p. 233-237, 421-422, 472).

(5) L'abbaye de Saint-Valery, de l'ordre de Saint-Benoît, située dans le diocèse d'Amiens, avait été confiée à Fénelon en 1694.

(6) Consulter une lettre de Dom Mabillon à Magliabecchi, du 23 mars 1699, dans le recueil de M. Valery (t. III, p. 63).

Au même (1).

Mon R. P., je vous suis très-obligé de la bonne volonté que vous aviez de me faire un présent de médailles antiques. Il y a plus d'un mois qu'elles sont arrivées. Mais M. de Rheims les retient et je n'espère plus de les avoir (2). Le P. Mabillon m'a dit qu'il retient aussi tout ce qu'on luy envoye pour luy quand ce sont des choses qui l'accommodent (3). Ainsi, mon R. P., quand vous aurez quelque chose à nous envoyer, nous aymons beaucoup mieux en payer le port que de nous exposer à un péril presque assuré de le perdre en le mettant dans les ballots de M. de Rheims. Vous ne sçauriez croire combien cela me cuit. S'il s'étoit au moins contenté de garder ce qu'il y avoit de plus à son goût, et d'envoyer le reste ! Mais de retenir tout, un homme qui a vendu son médailler, c'est ce que je ne puis digérer (4). Tout ce que V. R. mettra dans ses ballots, il faut le regarder comme un présent fait à M. de Rheims.

A Paris, ce 28 may 1696.

Au même (5).

A Paris, ce 7 juin 1696.

On mande d'Hollande qu'on y imprime une histoire chronologique d'Espagne par Mademoiselle de La Roche. Elle est de Rouen et est présentement à Londres (6).

(1) *Ibid.*, p. 20.
(2) C'était Charles Maurice Le Tellier (3 août 1671 — 23 février 1710).
(3) Savait-on que le frère de Louvois eût été un aussi peu discret intermédiaire?
(4) La plaisante indignation de Dom Montfaucon contre le prélat qui, ayant vendu son médailler, — connaissait-on ce détail? — voulait peu à peu le reconstituer aux dépens d'autrui, pourrait être rapprochée de la non moins plaisante indignation avec laquelle Dom Martianay s'élève (*Revue de Gascogne* de novembre 1873, p. 527-529) contre ceux qui ont été infidèles dépositaires de certaines médailles qui lui étaient envoyées de Rome, de la part du Pape. M. Dantier a reproduit (*Archives des missions scientifiques*, t. VI, p. 312) une lettre d'un ton fort vif adressée par Montfaucon à l'archevèque de Reims pour protester contre la défense de prêter à qui que ce soit les manuscrits de la Bibliothèque du Roi.
(5) *Archives des missions scientifiques*, t. VI, p. 21.
(6) Mademoiselle de La Roche-Guilhem, fille de Charles de Guilhem, sieur de La Roche, mourut en 1710 en Angleterre. Les biographes assurent qu'elle y vint en 1697 : on voit qu'elle s'y trouvait déjà en 1696. Mademoiselle de La Roche composa beaucoup de mauvais romans qui ont été analysés par Laporte (*Histoire littéraire des femmes françaises*, Paris, 1769, t. III, p. 70-130). L'ouvrage dont parle Montfaucon est l'*Histoire chronologique d'Espagne tirée de Mariana*, qui parut à Rotterdam en 3 vol. in-12.

On y a aussi imprimé les Mémoires de MM. de Believre et de Syllery concernant la paix de Vervins (1). Monsieur Jurieu y a publié un assez gros volume intitulé : *la Religion du Latitudinaire* (2). C'est un procès qu'il intente à M. Saurin, ministre d'Utrect, qu'il accuse de socinianisme (3).

On dit que M. Basnage de Bauval va faire imprimer en Hollande le *Dictionnaire* de Furetière avec des augmentations et des notes (4).

M. Thomassin, ancien conseiller au Parlement d'Aix, mande qu'il a trouvé un ample commentaire du P. Sirmond, jésuite, sur le Pomponius Mela, qu'il ne croit point être imprimé (5). Ce conseiller va faire imprimer à Genève plus de 500 lettres que les sçavans ont écrit à M. de Peiresc (6).

(1) *Mémoires historiques concernant la négociation de paix traitée à Vervins, l'an 1598, entre Henri IV, roi de France et de Navarre, par* [Pompone] *de Bellièvre* et [Nicolas Brulart, seigneur] *de Sillery, ambassadeurs du Roi très-chrestien, et Philippe II, roi d'Espagne,* par les sieurs Richardot, Taxis et Verreyken, etc. (La Haye, Moetjens, 2 vol. in-12). Voir sur ces mémoires l'*Histoire des ouvrages des sçavans* de mai 1696.

(2) *La Religion des Latitudinaires* parut à Rotterdam en 1696 et reparut à Utrecht en 1697. C'est un volume in-12.

(3) Elie Saurin avait engagé la lutte en présentant plusieurs points de la doctrine de Jurieu comme hétérodoxes. Les deux adversaires devaient toujours rester irréconciliables.

(4) Le *Dictionnaire* de Furetière fut, en effet, réimprimé à la Haye, en 1701, en 3 vol. in-f°, avec divers changements et diverses additions, par Henri Basnage de Beauval qui, lui aussi, fut un des antagonistes de l'âpre Jurieu et qui était frère de Jacques Basnage de Beauval, l'historien de l'Eglise.

(5) On lit dans l'excellent article *Sirmond (Jacques)* de la *Bibliothèque des écrivains de la Compagnie de Jésus* (t. III, in-f°, 1876, col. 811) : « *Ex R. P. Jacobi Sirmondi commentariis ad Pomponium Melam de situ orbis.* Ce commentaire, qui paraît être inédit, fut recueilli, en l'an 1586, de la bouche du savant jésuite. » Il en existe, selon les PP. de Backer et Sommervogel, deux manuscrits à la Bibliothèque nationale et un autre à la Bibliothèque de Carpentras, parmi les papiers de Peiresc.

(6) Louis de Thomassin, seigneur de Mazaugues, fut, plus tard, un des correspondants de Dom Montfaucon. Voir une lettre que lui adressa ce religieux, le 1er juin 1711, dans le recueil de M. Valery (t. III, p. 195). Ce fut le fils du conseiller. Henri Joseph, président au Parlement de Provence, qui fut le correspondant du président Bouhier. J'ai vu dans un des volumes de la collection qui a longtemps porté le nom de ce dernier, à la Bibliothèque de la rue de Richelieu, un grand nombre de lettres (près d'une centaine) adressées par le magistrat provençal au magistrat bourguignon. On lit dans la *Biographie universelle* (article *Peiresc*) : « Après la mort de Peiresc, on trouva plus de dix mille lettres que lui avaient adressées les savants de France, d'Italie, d'Angleterre, d'Allemagne et des Pays-Bas. La plupart furent détruites par sa nièce et son héritière, qui s'en servait, au rapport de Ménage, pour allumer son feu ou pour se faire des papillotes. [D'après la tradition conservée à Carpentras, elles servirent de couches pour des vers à soie]. Cependant, il resta deux vol. in-f° de lettres écrites à Peiresc, et six in-f° des lettres de Peiresc lui-même.

M. Boileau Despreaux a fait une pièce de 200 vers sur l'amour de Dieu adressée à M. l'abbé Renaudot, qui est très-belle. Il la récite à ses amis sans la communiquer (1).

On a réimprimé dans quelque ville de France, sous le nom de Cologne, les *Entretiens de Cleandre et d'Eudoxe sur les lettres provinciales* sur l'édition de Paris, sans y rien changer (2). On en débite icy secrètement.

On a imprimé dans les Pais-Bas un petit livre intitulé : *Remarques sur les entretiens de Cleandre et d'Eudoxe* (3).

M. Begon, intendant de marine en Saintonge, étoit prest de donner le premier volume de ses *Hommes illustres*. Les Peres de la Société ayant sceu qu'on avoit mis dans ce rang MM. Arnaud et Pascal ont été trouver M. le chancelier et luy ont remontré qu'il ne devoit pas permettre que ces deux Messieurs fussent dans ce rang. Le magistrat déférant à leurs prières a ordonné qu'on les ôtât (4).

Le président Thomassin de Mazaugues, qui avait épousé sa nièce, se proposait de publier un choix de cette correspondance, et son prospectus annonçait plus de six vol. in-4°. » J'ai l'espérance de réaliser, avant de mourir, si le bon Dieu le permet, le vaste et beau projet qu'avait formé Thomassin de Mazaugues.

(1) Sur le grand succès qu'eut auprès des contemporains, notamment auprès de Bossuet et de Daguesseau, la XIIe épître récitée par Boileau et qui ne fut imprimée qu'en 1698, voir M. Sainte-Beuve (*Port-Royal*, 3me édition, t. v, p. 508-512). Aucune admiration toutefois n'a jamais égalé celle de Brossette écrivant à l'auteur, le 30 juillet 1709 (*Correspondance* publiée par Aug. Laverdet, 1858, p. 298) : « On peut dire que si le plus grand théologien de notre siècle [Arnauld] a pris la défense de la Poésie, le plus grand de nos poètes a fait honneur à la Théologie : *adeo majestas operis Deum æquavit*, comme dit Quintilien. »

(2) Les *Entretiens de Cléandre et d'Eudoxe sur les Lettres provinciales*, par le P. Gabriel Daniel de la Compagnie de Jésus (1 vol. in-12), avaient paru à Rouen (1694) et reparurent dans la même ville (1697).

(3) Ces *Remarques* ne sont mentionnées ni dans le *Dictionnaire des ouvrages anonymes* de MM. Barbier (édition Daffis), ni dans la *Bibliothèque des écrivains de la Compagnie de Jésus*. Les auteurs de ce dernier ouvrage citent seulement, sous le mot *Daniel* (t. i, in-f°, 1869, col. 1514), ces deux réfutations : *Lettres aux RR. Peres Jesuites sur leur nouvelle Réponse aux Lettres d'un Provincial* (1696, in-12), et : *Conférence de Diodore et de Théotime sur les entretiens de Cléandre et d'Eudoxe*, par Gabriel Gerberon, d'après dom Tassin (Paris, 1697, in-8°).

(4) Ce magistrat était Louis Boucherat, chancelier de France de 1685 à 1699. Les portraits d'Arnauld et de Pascal furent, en effet, supprimés dans la 1re édition des *Hommes illustres* (Paris, 1697-1700, 2 vol. in-f°). Voltaire (*Siècle de Louis XIV*) a dit : « Les ennemis de Pascal et d'Arnauld firent supprimer leurs éloges dans le livre des *Hommes illustres* de Perrault. Sur quoi on cita ce passage de Tacite (*Annal.*, liv. III, ch. LXXVI) : *Præfulgebant Cassius atque Brutus eo ipso quod effigies eorum non videbantur.* » M. Georges Duplessis (*Un curieux du XVIIe siècle, Michel Bégon, intendant de La Rochelle*. Paris, 1874, p. 136-137) reproduit la note manuscrite suivante de l'exemplaire des *Hommes illustres* conservé aux cabinet des estampes de la Bibliothèque nationale : « Quand Perrault donna les *Hommes illus-*

M. Marcel, secrétaire de l'Académie de Thoulouse, travaille à la vie des hommes illustres de cette ville (1). M. Dupuy, de la même Académie, va mettre au jour un traité concernant les règles de la peinture, et les plus beaux ouvrages des peintres avec une optique d'une manière toute nouvelle (2).

M. Muguet imprime actuellement les 3 et 4 vol. de l'*Essay de l'histoire de Citeaux* par le P. Dom le Nain. Ces deux volumes ne contiendront que la vie de saint Bernard. On doute qu'elle soit aussi bien receue que celle de feu M. le Maitre (3).

On voit la neuvieme édition des caractères de Théophraste qui a paru après la mort de son auteur M. de la Bruyere (4). Il y a une préface où M. de Vizé, auteur du *Mercure galant*, est maltraité (5).

Le P. Lamy de L'Oratoire fait imprimer par Anisson sa *Concorde évangélique* dont je vous ay déjà parlé par le passé (6).

M. l'abbé Regnier, de l'Académie françoise, travaille à nous don-

tres, les jésuites firent supprimer l'éloge d'Ant. Arnauld et les exemplaires se vendirent avec un feuillet blanc à la place de l'éloge. M. le Prince envoya chercher un exemplaire chez Desallier, et de sa main il écrivit le quatrain ci-dessous et renvoya l'exemplaire au libraire :

> Le grand Arnauld paroit ici
> Privé d'une gloire mortelle.
> Mais possesseur d'une éternelle
> Qu'a-t-il besoin de celle-ci ? »

(1) Guillaume Marcel, né en 1647, à Toulouse, mourut à Arles en 1708 On cite de lui plusieurs ouvrages, notamment une *Histoire de l'origine de la monarchie française* (1683-1686, 4 vol. in-12), mais personne n'a jamais mentionné, que je sache, son panthéon toulousain.

(2) Je ne trouve rien à dire sur ce Dupuy, que ses concitoyens eux-mêmes semblent avoir complètement oublié.

(3) *Essais de l'histoire de l'ordre de Citeaux* par Dom Pierre Le Nain, sousprieur de l'abbaye de la Trappe [et frère du savant Le Nain de Tillemont]: Paris. 1696-1997, 9 vol. in-12. Les tomes III et IV contiennent, en effet, la vie de l'abbé de Clairvaux. L'ouvrage d'Antoine Le Maistre parut sous ce titre : *Vie de saint Bernard, en six livres, par le sieur Lamy* (Paris, Vitré, 1648, in-8°), et eut en quelques années une demi-douzaine d'éditions.

(4) Jean de La Bruyère était mort à Versailles. dans la nuit du 10 au 11 mai 1696, d'une attaque d'apoplexie. L'édition que cite ici Dom Montfaucon parut en 1696 chez Et. Michallet, qui avait publié les huit éditions précédentes (1688-1694).

(5) Tout le monde sait que, dans le chapitre *Des ouvrages de l'esprit*, La Bruyère (p. 132 du tome I de l'édition de M. G. Servois) a mis le journal fondé par Jean Donneau de Vizé, le *Mercure galant*, « immédiatement au-dessous de rien, » mais on n'a généralement pas remarqué les allusions qui, dans la *Préface des Caractères*. atteignent, à travers « les froids plaisants et les lecteurs mal intentionnés, » le frivole critique dont il avait eu à se plaindre.

(6) Cet ouvrage du P. Bernard Lamy parut en 1699 (2 vol. in-4°) sous ce titre *Commentarii in harmoniam Evangel.*

ner une relation de ce qui s'est passé à Rome en 1662 entre les gens de M. le duc de Chaune, ambassadeur de France, et la soldatesque corse sous le pontificat d'Alexandre VII (1).

On a imprimé un factum contre le testament de feu M. Nicole. C'est un nommé de Laistre, avocat, qui l'a fait. Il a déjà donné le panégyrique de Trajan traduit de Pline le Jeune. Ce factum est fort curieux (2).

Mon Reverend Père, je vous envoiray à chaque ordinaire des nouvelles de littérature. Je vous prie de m'envoyer aussi ce qui se fait par delà les Monts. Je scay bien qu'on n'y travaille pas assez pour fournir chaque ordinaire, mais lorsqu'il y aura quelque chose je vous prie de me le mander. M. de Rheims ne nous a pas donné une seule médaille. Ç'a été un coup sensible pour moy. On m'a dit qu'il se fâcha quand il trouva ce paquet de médailles dans son ballot, et qu'il dit qu'il n'avoit que faire de cette mitraille. Néanmoins il n'a pas jugé le tout indigne de luy (3).

Au même (4).

On mande de Hollande que M. Chevreau fait imprimer son *Histoire universelle* avec des corrections et des additions, outre cela un recueil d'œuvres diverses, et même un recueil de pièces de dévotion, prières (5), etc.; que le P. Papebrock a sous la presse un gros in-4°

---

(1) *Histoire des démêlés de la cour de France avec la cour de Rome, au sujet de l'affaire des Corses*, par François Séraphin Regnier des Marais, abbé de Saint-Laon-de-Touars, secrétaire perpétuel de l'Académie française, 1707, in-4° (imprimerie royale). L'auteur (*Abrégé de la vie*, etc., 1715) dit qu'il y avait très-longtemps qu'il avait composé ce livre, et qu'il l'avait fait imprimer, mais que ce fut seulement en 1707 que « l'impression, dont le Roi avoit fait suspendre le débit, devint publique. »

(2) M. Sainte-Beuve n'accorde pas de mention particulière au factum du nommé de Laistre : il se contente de dire (*Port-Royal*, t. IV, p. 513, note 1) : « La succession de Nicole donna lieu à des contestations, à des factums. Voir à la Bibliothèque du Roi, Recueil Thoisy, Droit public et civil, tome CLXXIV, p. 334. » L'avocat latiniste de Laistre a été oublié dans tous nos recueils biographiques.

(3) Tous les numismates ou numismatistes (car les deux se disent) partageront la colère de Montfaucon contre ce personnage qui, tout en ayant l'air de mépriser les vieilles monnaies de l'Italie, daignait confisquer à son profit cette *vile mitraille*.

(4) *Ibid.*, p. 22.

(5) L'*Histoire universelle* indiquée par Dom Montfaucon est l'*Histoire du monde*, dont la 1re édition parut à Paris (1686 2 vol. in-4°), et l'édition améliorée qu'il annonce est celle de La Haye (1698, 5 vol. in-12): *Revue, corrigée et augmentée de l'histoire des empereurs d'Occident, et de plusieurs autres additions considérables dans le corps de l'ouvrage.* — *Le Recueil d'œuvres diverses* annoncé par Dom

par lequel il réfute l'in-4° que les Carmes ont publié contre luy, ce qui a contribué à la censure des *Acta sanctorum* (1). Ce jésuite prouve invinciblement que les traditions qu'il a rejetées, comme celle de la donation de Constantin et du baptème de cet empereur à Rome, n'ont aucun fondement (2). Tout se dispose en Sorbonne à la condamnation des œuvres de la mère d'Agreda. C'est M. de Meaux qui en poursuit la condamnation (3).

A Paris, ce 16 juillet 1696.

Au même (4).

M. Werenfels, professeur en éloquence à Basle, y va être fait professeur en théologie au premier jour. Il a fait diverses dissertations très-jolies, et entr'autres *de logomachiis eruditorum* (5). On peut fort bien dire de luy ce que le cardinal de Richelieu disoit du jésuite Gretser (6) : *Il a beaucoup d'esprit pour un Allemand* (7).

A Paris, ce 24 septembre 1696 (8).

Montfaucon est le recueil intitulé · *OEuvres mélées, en deux parties*, qui parut à La Haye, 1697, in-12. Quant au *Recueil de pièces de dévotion, prières*, etc., aucun des biographes d'Urbain Chevreau (Ancillon, Niceron, Dreux du Radier, etc.), ne le cite, et il est infiniment probable que ce recueil est resté inédit.

(1) Voir sur la polémique entre le P. Papebrock et les religieux de l'ordre des Carmes de très-abondants renseignements à l'article *Bollandus* (*Acta sanctorum*) de la *Bibliothèque des écrivains de la Compagnie de Jésus* (t. i, dernière édition, col. 718-722).

(2) Dom Montfaucon revient sur ce sujet dans une lettre du 12 août 1696 (p 25), disant du P. Papebrock : « Ceux qui ont lu ce qu'il a publié disent qu'il se défend bien, doctement et solidement. »

(3) Dans une lettre du 27 août 1696 (p. 27), Dom Montfaucon analyse une requête adressée à Messieurs de la Faculté nommés pour examiner les œuvres de la mère d'Agreda, requête qui est un plaidoyer en faveur de la religieuse espagnole, ajoutant que la Sorbonne est fort partagée, et, dans une autre lettre du 24 septembre de la même année (p 32), il raconte avec de curieux détails la condamnation de l'auteur de la vie de la Sainte-Vierge. Voir sur cette condamnation l'article *Agreda (Marie d')* du *Dictionnaire critique* de Bayle, et, à un point de vue tout opposé, une série d'articles publiés, il y a déjà plusieurs années, dans le journal l'*Univers*, par feu Dom Guéranger.

(4) *Ibid.*, p. 32.

(5) Samuel Werenfels, né à Bâle le 1er mars 1657, mourut dans cette ville le 1er juin 1740. Il y professa successivement la logique (1684, le grec (1685), l'éloquence (1687), la théologie (1696), etc. Sa dissertation sur les disputes de mots entre les savants (*De logomachiis eruditorum*) parut en 1693 à Amsterdam et fut réimprimée, avec ses autres dissertations, en 1716 (Amsterdam, 2 vol. in-8), en 1718 (Bâle, in-4°), en 1739 (Lausanne et Genève, 2 vol. in-4°).

(6) Sur Jacques Gretser, l'implacable adversaire des protestants, appelé par Bayle « très savant homme, » né à Marckdorf en Souabe, en 1567, mort à Ingolstadt en 1625, voir l'important article du Recueil des PP. Backer et Sommervogel (t. i. col. 2254-2279).

(7) Le mot est-il authentique? D'autres l'ont-ils attribué au cardinal de Richelieu.

(8) Dans une lettre du 5 novembre 1696 (p. 33), Dom Montfaucon annonce à Dom Estiennot qu'il a été attaqué, à son retour de Noyon, « d'une fluxion sur la poitrine. » Signalons une autre lettre, du 7 janvier 1697 (p. 34), qui roule sur la publication de la traduction des quatre *Evangiles* par le P. Bouhours.

A Dom Mabillon (1).

Je suis fâché que le P. Martianay s'attire tant d'ennemis, et surtout qu'il ait déclaré la guerre au P. Lequien qui est un des meilleurs
et des plus honnêtes religieux de France (2), mais on connoît le na-
turel de ce Père, il ne faut pas espérer qu'il change.

Rome, 31 août 1700 (3).

Au président Bouhier (4).

A Paris, ce 14 janvier 1708.

J'ay receu, monsieur, et leu avec plaisir votre belle dissertation
sur l'origine des lettres grecques et latines (5). Je la trouve sçavante,
claire et parfaitement bien digerée, et je reçois avec toute la recon-
noissance possible l'honneur que vous voulez bien me faire d'agréer
que je l'imprime à la fin de la *Paléographie* (6). Je ne manqueray
pas de vous envoyer à la fin de l'impression avec mon livre la plan-
che en cuivre des lettres samaritaines, que je feray graver avec toute
l'exactitude possible telles qu'elles sont dans votre dissertation. Vous
avez veu un petit *conspectus*, que M. de La Monnoye m'a dit qu'il
vous a envoyé de ma part (7). Il n'y est pas fait mention des préli-
minaires, dont voicy l'ordre. Après la préface qui est courte, je mets

(1) *Ibid.*, p. 109. Dom Jean Mabillon avait alors 68 ans.

(2) Le dominicain Michel Lequien, l'auteur de l'*Oriens Christianus* (1740, 3 vol.
in-f°), était alors âgé d'un peu moins de 40 ans. Voir ce qu'en dit encore D. Montfaucon dans une lettre à Magliabecchi, d'avril 1703, publiée par M. Valery (t. III,
p. 150-151).

(3) Dans une autre lettre à Mabillon, du 28 novembre 1700 (p. 113), Montfaucon
fait un grand éloge du nouveau pape, Clément XI. Indiquons, comme une curiosité
littéraire, une lettre (p. 115) à Dom Edmond Martène, à l'abbaye de Marmoutiers,
au sujet des papiers laissés par M. Menard, de Tours, parmi lesquels se trouvait une
version de l'*Anthologie* avec des notes.

(4) Bibliothèque nationale, Fonds français 24416, autrefois Fonds Bouhier 16518,
p. 257. Jean Bouhier, né à Dijon le 16 mars 1673, fut nommé président à mortier
au parlement de Dijon en 1704 et membre de l'Académie française en 1727. Voir
sur lui de récentes et bien intéressantes pages dans *Vie, écrits et correspondance
littéraire de Laurent Josse Le Clerc*, par L. Bertrand, prêtre de Saint-Sulpice,
un des meilleurs livres de biographie et de critique qu'il m'ait été donné de lire
(grand-in-8°, 1878, p. 120-125).

(5) *De priscis Græcorum ac Latinorum litteris dissertatio.*

(6) *Palæographia Græca*, 1708, in-f°.

(7) Bernard de La Monnoye, né à Dijon le 15 juin 1641, fut conseiller à la Cour
des comptes de cette ville et devint membre de l'Académie française en 1713. Dans
une lettre à Montfaucon (de Dijon, le 21 août 1711), le président Bouhier (Fonds
français, vol. 17703, p. 188) lui parle de leur ami commun, M. de La Monnoye.

une espèce de revision de l'ouvrage, intitulée *Recensio palæographiæ græcæ*, où je donne certains éclaircissements sur quelques endroits qui en avoient besoin, et j'ajoute quelques choses qui m'avoient échappé. Et c'est là que je parle de votre dissertation en la manière que vous verrez dans le feuillet suivant, où j'ay copié tout l'article. Après la recension de la *Paléographie*, j'en fais une autre en abrégé de toutes les bibliothèques grecques, qui ont été ou qui existent encore aujourd'huy.

Au même (1).

Monsieur, je ne croiois pas que ma dissertation sur les Thérapeutes (2) me dut attirer un si rude adversaire. J'ay reçu votre lettre, je l'ay lue avec avidité, et j'ay vu que ceux qui ont écrit cy devant pour le sentiment opposé au mien, n'ont fait qu'effleurer la matière. Mais pour vous, Monsieur, vous examinez tout à fonds, rien n'échappe à votre diligence. Vos objections renferment tant d'érudition, de force et de vivacité qu'il faut être bien ferme pour n'en être pas ébranlé. Cependant je ne vous dissimulerai pas, monsieur, que la pluspart des meilleures objections que vous me faites ne m'estoient pas inconnues. Comme il y avoit déjà longtemps que je méditois un ouvrage sur le christianisme des Thérapeutes, j'avois prévu les difficultés que l'on pouvoit me faire, je les avois pesées et examinées, je n'en avois point trouvé, et je vous avoue franchement que je n'en trouve point encore qui doive m'obliger à prendre un autre parti. Je vous dirai même que plus j'y pense, plus j'examine la chose, plus je m'affermis dans mon opinion.

A Paris, ce 1 mars 1710.

Au même (3).

Apparemment, monsieur, chacun de nous deux demeurera ferme dans son sentiment : vous croirez les Thérapeutes pharisiens, et je les croirai chrétiens. Il me seroit aisé de vous répliquer ; mais il faut en demeurer là pour le présent : des occupations indispensables et

---

(1) *Ibid.*, p. 259.

(2) Voir un résumé de la discussion sur les Thérapeutes dans le *Dictionnaire de Trévoux* (t. VIII, 1771, p 14-15). On y donne raison à l'opinion de Montfaucon. Cons. l'article *Thérapeutes* du *Dictionnaire général de biographie et d'histoire* par Dezobry et Bachelet, article qui est de M. Alph. Dantier, et où, au contraire, l'opinion du président Bouhier est préférée.

(3) *Ibid.*, p. 265.

presque accablantes m'ôtent le moien de penser à autre chose. Ne m'alléguez pas, s'il vous plaît, l'autorité des savans qui ont écrit contre le christianisme des Thérapeutes; outre que je pourrois vous en citer de mon côté qui vaudroient bien peut-être ceux que vous pouvez m'opposer, s'il s'agissoit d'autorité icy, je me rendrois plutôt à la vôtre qu'à celle de tout autre. Et puis l'autorité des modernes ne décide rien sur des faits de l'antiquité, surtout lorsqu'ils sont aussi contestés que l'est celui-ci. J'écriray d'ailleurs d'une manière si désintéressée que ceux qui seront exempts de préoccupation verront bien que ce n'est que la force de la vérité qui me fait parler. Après cela, j'écouterai tranquillement tout ce qu'on pourra dire de part et d'autre; car dans le fonds il ne m'importe pas plus qu'à vous qu'on croie les Thérapeutes chrétiens ou d'une autre religion.

Paris, 8 janvier 1711 (1).

Au même (2).

Je sais trop bien, Monsieur, que le mérite n'eut jamais besoin de recommandation auprès de vous pour croire que la mienne soit nécessaire au R. P. Quirini, qui vous présente cette lettre de ma part (3). Pour ce qui est de la naissance, personne n'ignore que c'est

---

(1) On trouve (*ibid.*, p. 262) une lettre du 31 juillet 1711, où Montfaucon dit : « Je ne pensois pas, Monsieur, quand je fis ma réponse à votre lettre sur les Thérapeutes, qu'elle dût être publiée. Je croiois que cette dispute se passeroit entre nous. » Voir : *Lettres pour et contre sur la fameuse question, si les solitaires appelés Thérapeutes étoient chrétiens* (1712, in-12). La première lettre est du président; la seconde est de Montfaucon; la troisième, de son courtois adversaire.

(2) *Ibid.*, p. 265.

(3) Ange-Marie Quirini, né le 16 mars 1680, entra dans l'ordre des Bénédictins de la congrégation du Mont-Cassin; il fut archevêque de Corfou, évêque de Brescia, cardinal (26 novembre 1727), bibliothécaire du Vatican, préfet de la congrégation de l'Index, associé honoraire de l'Académie des inscriptions et belles-lettres, etc. Ce fut un des meilleurs amis et des plus zélés correspondants de Montfaucon. Il publia lui-même (1743) le recueil de ses lettres (*Decas epistolarum*), et le premier des dix livres renferme les lettres écrites à Montfaucon. On trouvera quelques-unes des lettres de notre bénédictin à Mgr Quirini dans le recueil de M. Valery (t. III, p. 198, 199, 200. 203, 204, etc.). — A ce propos, pour aider l'érudit qui voudrait nous donner une liste complète des lettres déjà publiées de Montfaucon, je rappellerai les indications que j'ai fournies en janvier 1869 (*Revue de Gascogne*, t. X, p. 36, *note*), et j'y ajouterai les deux indications suivantes : il y a quelques billets de l'illustre bénédictin dans l'*Histoire des ouvrages des savans* de Basnage (t. III, p. 426; VI, 422, VII, 274); il y a surtout neuf lettres du même, adressées au savant florentin Anton-Maria Salvini, dans le second volume du recueil de Gori, *Symbolæ litterariæ* (Flor., 1748-53, 10 vol. in-8°). D'après une lettre de Muratori (*Lettere inedite*, Firenze, Le Monnier, 1854, p. 140), Montfaucon regardait A.-M. Salvini comme le premier helléniste de l'Italie.

la première et la plus illustre noblesse de Venise; pour ce qui regarde son érudition, c'est à des connaisseurs comme vous à en juger, et je suis certain que vous en porterés le même jugement qu'en ont porté à Paris les plus savans hommes, qui le regardent comme un des plus habiles du siècle, et qu'ils disent unanimement qu'on n'a point encore vu d'homme de son âge dont les connoissances fussent plus étendues; j'ajouteray à tout cela qu'il est mon amy depuis plusieurs années, et comme j'ay lieu d'espérer que cette dernière considération ne vous sera pas tout à fait indifférente, je vous remercie par avance du bon accueil que vous lui ferez, et vous supplie de croire que je suis toujours avec tout le respect et l'estime possibles, Monsieur, vostre très-humble et très obéissant serviteur.

Fr. BERNARD DE MONTFAUCON.

A Paris, ce 7 novembre 1713.

Au même (1).

M. de La Monnoie m'aiant assuré, Monsieur, que vous ne seriez pas fâché de voir le *Guillelmus Pastregicus* ou *Pastrengicus de originibus rerum*, petit livre que j'achetai à Venise, et que je collationnai depuis à Rome sur deux manuscrits (2), je lui dis que je vous l'enverrai volontiers. Vous étiez alors à Autun, et M. de La Monnoie jugea à propos d'attendre que vous fussiez de retour à Dijon. J'en parlai il y a quelques jours à M. l'abbé votre frère, qui m'a assuré aujourd'huy que vous seriez bien aise de le voir. Je suis ravi de trouver cette occasion de me renouveller dans votre souvenir.

A Paris, ce 30 juin 1723.

Au même (3).

A Suresne, ce 19 avril 1723.

Je ne sais, Monsieur, si en vous envoiant le Guillelmus Pastrengicus j'eus soin de vous avertir que deux mémoires collez sur le dedans de la couverture sont de la main de Mgr Fontanini, prélat romain, le plus habile que je connaisse en Italie pour ce qui regarde la littérature et surtout celle qui traite des auteurs italiens (4). C'est

(1) *Ibid.*, p. 267.

(2) Guillaume, né à Pastrengo (pays de Vérone), composa (avant 1370) une sorte de dictionnaire historique, qui fut publié très-incorrectement par M. A. Biondo sous ce titre : *De originibus rerum libellus*, etc. (Venise, 1547, in-8°).

(3) *Ibid.*, p. 269.

(4) Juste Fontanini, né dans le Frioul en 1666, fut tour à tour bibliothécaire du cardinal Imperiali, professeur d'éloquence, camérier apostolique, archevêque d'An-

apparemment de lui que j'ai appris que Guill. Pastrengicus ou de Pastrengo avoit esté maistre de Pétrarque. Je n'ay pas fait des recherches particulières pour éclaircir ce fait (1). L'auteur mériteroit bien d'être donné tout entier, et je médite de le faire un jour (2).

Au même (3).

A Pontoise, ce 7 novembre 1723.

J'ay tousjours eu dessein, Monsieur, de publier un jour le *Guillelmus Pastrengicus*, mais j'ay mis un certain ordre dans mes travaux, que je garde tousjours exactement. Le supplément de l'*Antiquité* paroitra en cinq volumes in-f° au caresme prochain pour le plus tard (4) et le *Saint-Chrysostome* peu de temps après (5). On m'assure qu'il y a à nostre monastère de Corbie un manuscrit d'Horace qui a huit ou neuf cents ans d'antiquité, et qui ne contient qu'une partie des ouvrages de ce poète. J'écris aujourd'hui au P. prieur de Corbie, pour le prier de me l'envoyer (6) sans en parler à

cyre, etc. Ami de Mabillon et de Montfaucon, il fut auprès du Saint-Siége le généreux défenseur de l'*Histoire ecclésiastique* de Tillemont menacée d'une condamnation. Voir, dans le recueil de M. Valery, divers passages relatifs à Fontanini et une lettre de ce savant à Mabillon (t. III, p. 186).

(1) M. Léonce Couture, qui connaît aussi bien que les plus savants critiques italiens eux-mêmes tout ce qui regarde Pétrarque, veut bien mettre sous ce passage une note qui *éclaircit ce fait* à merveille :

[Il y a dans les œuvres latines de Pétrarque cinq lettres (*Famil.*, IX, 15, 16; XIII, 3; XXII, 11; *Variar.* 13) et six épîtres en vers adressées à Guillaume de Pastrengo. Maffei (*Verona illustrata*), l'abbé de Sade (*Mémoires sur Pétrarque*), Tiraboschi (*Storia letter. d'Italia*, II, 6) ont débrouillé l'histoire de cet écrivain et en particulier ses rapports avec Pétrarque. Leurs recherches ont été résumées et complétées par M. Fracassetti, dans le commentaire qui accompagne sa belle traduction italienne des Lettres de Pétrarque (Florence, Le Monnier, 1863 et années suivantes, 7 vol. in-12; voir surtout t. II, p. 437-443). Il en résulte que les relations du poète et de Guillaume commencèrent très-probablement à Avignon en 1338; Pétrarque avait alors trente-quatre ans. Montfaucon a eu le tort de le présenter comme élève de Guill. de Pastrengo, dans son *Diarium italicum* (1702), sans avoir fait sur ce point, comme il l'avoue ici, les recherches nécessaires. — L. C.]

(2) Ni Montfaucon, ni, après lui, Scipion Maffei ne réalisèrent leur projet de donner une nouvelle édition du *De originibus rerum*.

(3) *Ibid.*, p. 271.

(4) L'*Antiquité expliquée et représentée en figures*, avec texte en latin et en français, parut à Paris en 1719 (10 vol. in-f°). Les 5 vol. de *Supplément* parurent en 1724.

(5) Les 13 vol. in-f° des œuvres complètes de saint Jean Chrysostome furent publiés par Montfaucon (Paris, Le Guerin) de 1718 à 1738.

(6) Dans une lettre du mois de décembre 1723 (p. 273), Montfaucon donne à Bouhier cette bonne nouvelle : « J'ai enfin reçu, Monsieur, de Corbie le manuscrit d'Horace Il n'y a personne au monde plus propre que vous pour tirer de ce manuscrit tout l'avantage qu'on en peut tirer pour rétablir le texte d'Horace. » On sait que Bouhier s'occupa beaucoup d'Horace, comme on peut le voir dans le *Menagiana* (édition de 1715, t. I, p. 217) et dans les *Mémoires de Trévoux* (janvier 1715).

personne. Cette précaution est nécessaire, parce que la communauté de Corbie n'envoie jamais de manuscrits à Saint-Germain des Prez depuis que deux ou trois cens manuscrits de Corbie envoiez à nos gens de lettres ont été incorporés à notre Bibliothèque par arrêt du Parlement, comme n'étant d'aucune utilité à Corbie, et en danger même d'être transportés dans un pays étranger, si Corbie venoit à tomber comme autrefois (1) en la puissance des ennemis.

P.-S. Je suis à Pontoise pour y prendre quelque relâche, et je reviens après-demain à Paris.

Au même (2).

A Paris, ce 25 février 1727.

Je prens la liberté, Monsieur, de vous envoier le plan des *Monumens de la monarchie françoise* (3) avec un autre plan pour les souscriptions à la première classe de ces monumens. L'ouvrage est tout neuf et passe pour fort intéressant au jugement des connoisseurs. Je m'en fierois plus à vous qu'à tout autre. Dans cette première classe, entre plusieurs autres choses qui regardent la Bourgogne, il y a une assemblée du Parlement de Dijon. Le duc Charles le Téméraire est à la tête. Les noms du président, des conseillers et des autres officiers sont écrits au-dessus de chacun. Cela est tiré d'un petit tableau fait dans le temps même, qui appartenoit autrefois à M. de Gaignières (4) et qui est présentement chez M. le mareschal

---

(1) C'est-à-dire comme en 1636, où les Espagnols s'en emparèrent, le 15 août, au grand effroi des Parisiens.

(2) *Ibid.*, p. 275.

(3) Les *Monumens de la monarchie françoise* parurent de 1729 à 1733 en 5 vol. in-f°. On trouve dans le manuscrit 17702 du Fonds français (p. 142) ce brouillon de la circulaire adressée par Montfaucon aux archevêques et évêques : « Monseigneur, j'envoie à V. G. le plan des Monumens de la monarchie françoise, imprimé il y a près de deux ans, avec un autre plan pour les souscriptions à la première classe de ces monumens. L'ouvrage est si intéressant pour la France qu'on espère que V. G. voudra bien en orner sa bibliothèque, etc. » J'ai publié (*Revue de Gascogne* de juin 1877, *Notes diverses*, p. 295) la réponse de l'intendant de Guyenne, Boucher (datée de Bordeaux, 13 juin 1727). Signalons (manuscrit 17702, p. 56) une lettre du marquis d'Aubais à Montfaucon, écrite du château d'Aubais le 16 avril 1725. Cette lettre, fort bien tournée, débute ainsi : « Le R. P. Dom Vaissette m'a envoyé de votre part, mon Révérend Père, le projet des *Monumens de la monarchie françoise*. Je l'ai lu avec avidité, etc. » Le marquis vante beaucoup l'escalier de son château, et voudrait qu'il « fût représenté dans l'ouvrage. »

(4) Sur le zélé collectionneur Roger de Gaignières, mort en mars 1715, voir le *Cabinet des manuscrits de la bibliothèque impériale*, par M. Léopold Delisle (t. I, 1868, p. 335-356).

d'Etrées (1). L'ouvrage ne pouvoit s'imprimer que par souscription, n'y aiant point de libraire qui puisse faire les avances pour tant de gravures. Je vous prie de communiquer ce plan à vos amis (2).

Au même (3).

A Paris, ce 27 octobre 1733.

Vous trouverez sous l'enveloppe, monsieur, le plan imprimé de l'ouvrage qui aura pour titre *Bibliotheca Bibliothecarum nova* (4). Il y a près de vingt ans que je fis un grand recueil de ce que j'avois remarqué de considérable dans les bibliothèques d'Italie et de France. J'y ai ajouté aussi les catalogues des manuscrits qu'on m'avoit envoié de différens endroits du Roiaume, parmi lesquels se trouvent ceux de votre belle bibliothèque (5). Un de mes confrères copia tout cela, et y fit une table générale. Je fis relier le tout en deux bons volumes in-f° qui ont été souvent consultés par des gens qui travailloient à de nouvelles éditions. J'ai été tellement pressé de donner cela au public que je n'ai pu m'en défendre. Tout cela est énoncé dans le plan imprimé. Il y aura à la fin une table la plus exacte qui se pourra faire, où l'on trouvera tout par ordre alphabétique. L'ouvrage sera en deux bons volumes in-f°.

(1) Le duc d'Estrées (Victor-Marie), neveu du cardinal d'Estrées, avait formé une splendide collection de livres et d'objets d'art. Voir le *Catalogue des livres de la bibliothèque du maréchal d'Estrées* (Paris, 1740, 2 vol. in-8°). Ce fut à cet illustre amateur que Montfaucon dédia l'*Antiquité expliquée.*

(2) Mentionnons une lettre du 3 février 1733 (*Ibid.*, p. 276), où Montfaucon dit à Bouhier : « Je reçus hier, jour de la Purification, deux visites de M. le marquis Maffei et je l'accueillis, Monsieur, avec tout l'honneur dû à son mérite et à votre recommandation...» et une lettre du 1er mars de la même année (p. 278), dont voici le début : « J'apprens avec plaisir, Monsieur, que vous travaillez à un recueil des monumens de la ville de Dijon. Quoique César et les autres anciens auteurs n'aient point parlé de cette ville, nous voions par ce qu'en rapportent Grégoire de Tours et Frédégaire que c'était une ville considérable de leur temps. Le premier, qui en fait une magnifique description, s'étonne de ce qu'on ne lui donne pas le nom de *civitas.* Vous en savez plus que moi là-dessus...» Après avoir parlé de Dijon, D. Montfaucon parle d'Autun et du livre sur cette ville composé par Auberi et cité par le P. Le-long.

(3) *Ibid.*, p 280.

(4) Cet ouvrage parut en 1739 (2 vol. in-f°).

(5) Voir sur le cabinet de la famille Bouhier l'excellent ouvrage déjà cité de M. L. Delisle, t. II, 1874, p 266-279. Le savant académicien a reproduit là un mémoire du président Bouhier sur la bibliothèque à la formation de laquelle avaient travaillé neuf générations de magistrats et qui fut une des gloires de Dijon pendant plus de deux siècles.

Au même (1).

A Paris, ce 11 décembre 1733.

... Outre les manuscrits des anciens auteurs grecs et latins et autres d'un grand nombre de bibliothèques, que contiendra le *Bibliotheca Bibliothecarum*, il y en a une infinité qui regardent les royaumes, les provinces, les villes et quelquefois les familles, et qui intéressent bien des gens, des cartulaires, papiers censiers et terriers des princes, seigneurs, chapitres, monastères, etc.

J'ai fait un catalogue des manuscrits que M. l'abbé Sevin a apportez du Levant (2). Les plus considérables d'entre les Grecs sont un *Strabon* entier de cinq ou six cens ans (on n'en trouve presque point d'entier dans les bibliothèques), un *Josèphe* du même âge, un manuscrit ancien de la *Bibliothèque* de Photius. On n'en trouve ailleurs que des modernes qui ont été copiés les uns des autres..

M. l'abbé Fourmont a apporté de la Grèce le plus beau recueil d'inscriptions que j'ai jamais vu (3). Il y en a trois ou quatre volumes que j'ai feuilletés. Il n'a pas copié, mais dessiné les inscriptions, comme faisoit dans ses vieux ans feu M. Fabretti, mon ami (4). C'est le vrai moien de ne point faire des fautes en copiant. Il y en a une infinité dans les Inscriptions grecques de Gruter (5).

Au même (6).

A Paris, ce 31 décembre 1733.

... Le Strabon entier de cinq ou six cens ans où rien ne manque n'a point de pareil dans l'Europe. J'ai collationé le premier livre pour

(1, *Ibid.*, p. 282.

(2) Sur la mission de l'abbé François Sevin, membre de l'Académie des Inscriptions (1728) et garde des manuscrits de la bibliothèque du Roi (1737), voir encore l'ouvrage de M. L. Delisle, t. I, p. 380-387.

(3) Sur la mission de l'abbé Fourmont qui, confrère de l'abbé Sevin à l'Académie des inscriptions, fut son compagnon de voyage, voir les mêmes pages de M. L. Delisle, qui n'a pas voulu dans son récit séparer les deux amis à chacun desquels on peut appliquer ce vers de Virgile :

Aspice ut insignis spoliis Marcellus opimis.

(4) Le grand antiquaire Raphael Fabretti, né en 1618 à Urbin, mourut à Rome en 1700. Il est souvent question de lui dans le recueil de M. Valery : on y voit notamment qu'il fut à Rome le cicerone de Dom Mabillon.

(5) On sait que ce fut avec l'aide de Joseph Scaliger que Jean Gruter recueillit les *Inscriptiones antiquæ totius orbis romani* (2 vol. in-f°), qui parurent tout au commencement du xvii° siècle.

(6) *Ibid.*, p. 284.

en insérer les différentes leçons dans la *Bibliothèque des biblio-thèques;* il y en a de très remarquables. La *Bibliothèque* de Photius n'y est pas entière, mais le manuscrit est ancien, et l'on n'en trouve de cet auteur que de fort modernes. Si j'ai le loisir, je le collationerai tout entier pour en donner les diverses leçons (1).

Au même (2).

18 octobre 1734.

... Nous imprimons avec grande diligence la nouvelle *Bibliothè-que des bibliothèques.* Nous finirons, cette semaine, la Vaticane, puis viendront les autres romaines, celle du Mont-Cassin, celles de Naples, etc. Les bibliothèques d'Italie, d'Allemagne, de l'Escurial et de l'Angleterre feront le 1er tome; celles de France, le second. L'on-zième tome de saint Chrysostome est achevé d'imprimer. Le 12e, où il y a onze excellentes pièces qui n'avoient jamais vu le jour, est fort avancé et finira vers le Carême Je ne vous dirai pas comment nous avons fait le marquis Maffei (3) honoraire à la prière de Mgr le car-dinal de Polignac (4) muni de lettres de Mgr le duc de Gondrin (5). Je vous dirai seulement qu'on l'appelle *Miles gloriosus* (6) en Hollande et cela est répandu dans nostre Académie (7).

(1) Montfaucon, dans le reste de la lettre, discute et repousse la prétendue ins-cription de Chyndonax, qui avait été forgée par le bourguignon Guenebaud, ajou-tant : « Il est vrai que M. de Saumaise l'a jugée véritable et s'en est même servi. Mais quoique nous respections ces grands hommes, les Scaligers, les Casaubons, les Saumaises, nous ne laissons pas de les contredire quelquefois. La critique ne plie point sous l'autorité. Eux-mêmes souvent ne s'accordoient pas entre eux. » Dans une lettre du 2 février 1734 (p. 286), Montfaucon donne un nouvel éloge au recueil d'inscriptions (en 4 vol. in-f°) de l'abbé Fourmont : « C'est incontestablement, dit-il, le plus ample, le plus beau, le plus exact et le mieux exécuté qu'on ait jamais fait. »

(2) *Ibid.*, p. 288.

(3) Scipion, marquis de Maffei, naquit à Vérone en 1665 et mourut en 1755. Pendant son séjour de quatre années à Paris (1732-36), on reconnut généralement qu'il prônait à l'excès, j'allais dire à l'italienne, son mérite et qu'il diminuait trop celui des autres. On lui reprochait encore l'orgueilleux entêtement avec lequel il soutenait toutes ses idées, même les plus mauvaises.

(4) Le cardinal de Polignac était membre honoraire de l'Académie des Inscriptions et belles-lettres depuis 1717. On sait que cet illustre archevêque d'Auch appartenait aussi, comme membre libre, à l'Académie des sciences et qu'enfin il était de l'Aca-démie française.

(5) Louis Antoine de Pardaillan de Gondrin, duc d'Antin, était ministre d'Etat depuis l'année précédente.

(6) Le héros fanfaron de Plaute.

(7) Dans cette même lettre, Montfaucon relève une erreur de Gilbert Cuper (mort en 1716) et dit à ce sujet : « Il n'y a pas d'habile homme qui ne prenne quelquefois e change. C'étoit un habile homme effectivement et d'un excellent caractère. » Cu-

Au même (1).

30 décembre 1734.

... Il [le marquis Maffei] se fait tous les jours connoître tel que vous le marquez dans vostre lettre. M. Dorville, vostre ami et le mien, vous en pourra donner des nouvelles (2). Il l'appelle toujours ʁe *Miles gloriosus*, qui méprise tout ce qu'il y a de gens de lettres au monde hors un que vous et moi sçavons bien. Le même M. Dorville dit qu'il a fait cinquante fautes dans une inscription grecque, qu'il a fait imprimer (3).

per, qui, pour la question des Thérapeutes, s'était déclaré contre le sentiment de Montfaucon, fournit à ce dernier des remarques sur sa *Paléographie grecque*, remarques imprimées en 1742 dans le recueil des lettres du docte Hollandais.

(1) *Ibid.*, p. 289.

(2) Jacques-Philippe d'Orville, né le 28 juillet 1696, mort le 14 septembre 1751, appartient à la Hollande par sa naissance et à la France par l'origine de sa famille. On peut dire qu'il eut les meilleures qualités des deux nations. Homme de beaucoup d'esprit et de beaucoup d'érudition, il fut un des premiers philologues de son siècle. Bien qu'il ait peu publié, il a laissé une mémoire qui ne périra pas et que suffirait à honorer l'amitié de deux hommes tels que Bouhier et Montfaucon.

(3) Il faut rapprocher de ceci le mot du comte de Caylus reprochant à Maffei de parler « du haut du trône qu'il s'était élevé, » du mot du P. Paciaudi, reprochant au marquis « de mettre de l'imposture dans tout ce qu'il faisait, de se parer des fatigues d'autrui, de vouloir passer pour inventeur de ce qui était déjà connu, » mots que l'on trouvera, avec des détails donnés par Dom Martin sur le vif succès qu'obtint l'auteur de *Mérope* auprès des dames de Paris, dans une des plus curieuses pages du recueil si bien publié par M. Charles Nisard (de l'Institut) sous le titre de *Correspondance inédite du comte de Caylus avec le P. Paciaudi, théatin* (1877, 2 vol. gr. in-8°, t. I, p. 22).

APPENDICE.

Je groupe ici quelques extraits de lettres non datées et qui, moins la dernière, ne portent point le nom du destinataire.

I (1).

..... Je puis bien l'assurer qu'il n'y a point dans l'Eglise de corps plus attaché que celuy cy au Saint Siége, et particulièrement à N. S. P. le Pape qui règne présentement, des bontés duquel nous avons tout lieu de nous louer (2). Comme je say que les affaires de littérature ne sont pas indifférentes à Vostre Excellence, je m'en vais luy marquer quelles sont présentement mes occupations. J'imprime la Bibliothèque des manuscrits grecs de feu M. le chancelier Seguier, qui a passé par succession à M. l'evesque de Metz, de la maison de Coislin, qui aura pour titre : *Bibliotheca Coisliniana, olim Segueriana* (3). Il y aura une trentaine de pièces anecdotes tant sacrées que profanes. Au mois d'août prochain je dois commencer à imprimer saint Jean Chrysostome, augmenté de plusieurs pièces non imprimées, avec une nouvelle version latine à tous les ouvrages où l'ancienne n'estoit pas bonne. J'ay cinq ou six confrères pour m'aider à ce pénible travail. Outre cela, je prépare un recueil général d'antiquitez.....

(1) Fonds français, n° 17701, p. 2. La lettre est adressée à un personnage auquel Dom Montfaucon donne le titre d'*Excellence* et qu'il remercie d'avoir accepté les *Hexaples*. Ce fut en 1713 que Montfaucon publia en 2 vol. in-8° ce qui nous reste des *Hexaples* d'Origène. La lettre est donc de cette année-là.

(2) Clément XI, élu le 23 novembre 1700, mort le 19 mars 1721.

(3) *Sive manuscriptorum omnium græcorum quæ in ea continentur, accurata descriptio, etc. Accedunt anecdota bene multa ex eadem bibliotheca desumpta, cum interpretatione latina* (1715, in-f°). M. Dantier a publié (*Archives des missions littéraires,* vol. déjà cité, p. 314) une lettre (non datée) de Montfaucon à Mgr de Coislin, évêque de Metz, remplie de détails sur la manière dont fut dressé le catalogue.

II (1).

Monseigneur, j'ay déjà pris la liberté d'écrire à V. G. pour la supplier de me faire donner communication des antiquitez de Narbonne. Je say qu'elles ont été recueillies avec soin, et que ceux entre les mains desquels elles se trouvent dépendent absolument de V. G. J'en ay absolument besoin pour la perfection d'un dessein que je médite depuis vingt ans, qui est un recueil général des antiquitez représentées en figure, que les connoisseurs jugent être des plus utiles qu'on ait encore fait pour l'intelligence des antiquitez tant saintes que prophanes......

III (2).

Je vous prie, Monsieur, de faire quelque attention sur l'affaire dont je vous parlay ces jours passez. C'est moy qui ay commencé à proposer des souscriptions en France. J'ay imprimé trois gros ouvrages de suite par souscription, l'*Antiquité expliquée*, le *Supplément*, et les *Monuments de la monarchie françoise*. J'ay toujours tenu ma parole au public en donnant ces ouvrages au temps promis et en obligeant les libraires de contenter ce même public par la beauté du papier et de l'impression. Si le mauvais usage que d'autres en ont fait a obligé de défendre les souscriptions, il me semble que je mérite quelque exception, et que vous pourriez bien permettre à mon libraire d'en proposer, d'autant plus que Mgr le cardinal de Fleury m'a exhorté de donner cet ouvrage, comme sa lettre que voilà en fait foi (3), et que le libraire a de la peine dans ces temps fâcheux à fournir aux frais de l'impression (4).

(1) *Ibid*, p. 4. La lettre doit être à peu près de la même date que la précédente. Elle était évidemment adressée à l'archevêque de Narbonne, lequel, à cette époque, était Charles Legoux de la Berchère (1703-1719).

(2) *Ibid.*, p. 159.

(3) Le cardinal de Fleury et dom Montfaucon eurent toujours d'excellentes relations. M. Dantier a reproduit (*Archives*. p. 313) une lettre du bénédictin au cardinal, qui l'avait chargé de chercher quelqu'un capable de continuer l'*Histoire ecclésiastique* de l'abbé Fleury; Montfaucon répond qu'il n'a pas trouvé ce continuateur, tel que le cardinal le souhaitait.

(4) Dans une autre lettre (p. 151), Montfaucon insiste pour qu'on prête à M. Foucault, conseiller d'Etat [l'ancien intendant de Montauban, de Pau, de Poitiers et de Caen] certains manuscrits de l'abbaye de Marmoutiers. Il rappelle que la bibliothèque de Foucault a été toujours ouverte aux bénédictins et déclare qu'il y aurait de l'ingratitude à lui refuser un service qu'il a si souvent rendu aux autres.

IV (1).

A Baluze (2).

Voicy, Monsieur et très-cher amy, ce que nous avons fait pour vous au Mont-Cassin. Nous y avons veu et collationné tout le manuscrit dont vous souhaitiez avoir les différentes leçons et les pièces non imprimées. Le R. P Dom Erasme, prieur de ce monastère et parfaitement honnête homme, m'a mis le manuscrit entre les mains (3). Nous avons trouvé que le P. Lupus (4) n'a omis de ce livre que les pièces déjà imprimées. Il est vray qu'il y en a quelques-unes dont la version est différente de celle qui se trouve dans les éditions de Binius et du P. Labbe. Nous en avons mis icy les commencemens. Pour les Epîtres de saint Isidore de Peluse dont vous voyez ici les titres et les commencemens, nous n'avons pas jugé à propos de les copier parce que les crois imprimées dans les recueils qu'en ont publiez Jacques de Billy et André Schot. Si tou·tefois vous souhaitiez avoir ces versions, vous n'avez qu'à nous écrire, et D. Erasme, qui est fort versé dans la lecture des manuscrits, vous les copiera fidellement, et s'il ne le faisoit pas j'irois plustost moy mesme une seconde fois au Mont-Cassin. Mais soyez certain qu'il le fera, s'il est nécessaire, et qu'il le fera exactement. Je ne vous mande point des nouvelles de nostre voyage de Naples parce que je say que D. Claude Guenié (5) vous communique les lettres que je luy écri presque tous les ordinaires. Nous avons été receus dans cette ville [c'est-à-dire à Naples] par M. l'archevesque cardinal et par M. le Nonce avec des démonstrations d'amitié et

(1) Armoires de Baluze, vol. 367, p. 154.

(2) On doit rapprocher cette lettre de l'excellente note écrite de Rome à Baluze, le 11 août 1699, et que j'ai eu le plaisir de publier dans la livraison de la *Revue de Gascogne* du 1ᵉʳ janvier 1869 (t. x, p. 34-36). Les deux lettres sont de la même année, mais celle-ci est antérieure à l'autre de plusieurs mois.

(3) Voir sur Erasme Gattola, conservateur, pendant quarante ans, des archives de Mont-Cassin, dont il avait été le restaurateur, et historien du célèbre monastère, divers passages du recueil de M. Valery (t. ii et iii).

(4) Sur le P. Lupus (Chrétien Wolff), un des plus doctes théologiens et canonistes de l'ordre des Augustins, un des plus redoutables adversaires du *Concordia* de Pierre de Marca, voir *passim* le recueil de M. Valery et surtout la note 3 de la page 21 du tome i, où l'on rappelle que Dom de Vic et Bossuet ont parlé de lui avec la plus grande estime.

(5) Dom Claude Guesnié était bibliothécaire de Saint-Germain-des-Prés. Ce fut lui qui rédigea la table générale des œuvres complètes de saint Augustin publiées par Dom Delfau, Dom Blampin, etc., de 1679 à 1700 (11 tomes en 8 vol. in-fᵒ).

d'honnêteté extraordinaires. D. Paul, mon compagnon, vous salue très-affectueusement (1), et pour moy je suis avec mon attachement ordinaire tout à vous, mon très-cher amy.

Fr. Bernard de Montfaucon.

Le R. P. procureur général vous baise très-humblement les mains et est tout à vous (2).

ERRATA.

Page 13, note (5) à effacer tout entière, pour être remplacée par cette indication : *Ibid.*, p. 21.

Page 16, note (1), transporter après la date 1708 le point qui termine la première ligne.

(1) Montfaucon, le 24 avril 1700, écrivit à Muratori. bibliothécaire de l'Ambroisienne (recueil de M. Valéry, t. III, p. 91): « Le pauvre Dom Paul, mon cher compagnon de voyage, mourut, le 10 février passé, d'une fièvre maligne. » Dans son *Diarium italicum*, Montfaucon a ainsi mentionné la mort de son jeune ami: « *In ætatis flore sublatus est itineris socius D. Paulus Brioys, acri juvenis ingenio, græce doctus.* »

(2) Dans une autre lettre du manuscrit 17,701 (p. 170), Montfaucon demande chaleureusement que l'on donne à l'archéologue Nicolas Henrion (de l'Académie des inscriptions) la place que laisse vacante au cabinet des médailles la mort d'Antoine Galland, ajoutant: « Je ne connais point d'homme plus sûr ni plus intelligent que luy. » L'orientaliste Galland étant mort le 15 février 1715, on a ainsi la date approximative d'une lettre si flatteuse pour Henrion.